1 Quale continente è noto come "Continente Nero"?

a) Asia

b) Africa

c) Europa

d) America

Risposta: b) Africa

2 In quale paese si trova il deserto del Kalahari?

a) Arabia Saudita

b) Brasile

c) Namibia

d) Egitto

Risposta: c) Namibia

3 Quale città è attraversata dal fiume Senna?

a) Berlino

b) Londra

c) Parigi

d) Roma

Risposta: c) Parigi

4 In quale paese si trova Machu Picchu, l'antica città inca?

a) Colombia

b) Perù

c) Messico

d) Cile

Risposta: b) Perù

5 Quale paese è attraversato dal fiume Volga?

a) Russia

b) Francia

c) Cina

d) Brasile

Risposta: a) Russia

6 Quale oceano bagna le coste dell'Antartide?

a) Oceano Pacifico

b) Oceano Atlantico

c) Oceano Indiano

d) Oceano Antartico

Risposta: d) Oceano Antartico

7 Quale città è situata all'incrocio tra il Nilo Azzurro e il Nilo Bianco?

a) Il Cairo

b) Alessandria

c) Giza

d) Khartum

Risposta: d) Khartum

8 In quale oceano si trova l'Isola di Pasqua?

a) Oceano Indiano

b) Oceano Pacifico

c) Oceano Atlantico

d) Oceano Artico

Risposta: b) Oceano Pacifico

9 Quale paese europeo è noto per i suoi mulini a vento e i campi di tulipani?

a) Francia

b) Paesi Bassi

c) Italia

d) Germania

Risposta: b) Paesi Bassi

10 Quale fiume attraversa la città di Budapest?

a) Danubio

b) Reno

c) Tago

d) Senna

Risposta: a) Danubio

11 Qual è la capitale del Kenya?

a) Nairobi

b) Accra

c) Johannesburg

d) Lagos

Risposta: a) Nairobi

12 In quale stato si trova il Gran Canyon negli Stati Uniti?

a) Colorado

b) Arizona

c) Nevada

d) Utah

Risposta: b) Arizona

13 Quale città è attraversata dal fiume Gange?

a) Mumbai

b) Calcutta

c) Nuova Delhi

d) Bangalore

Risposta: b) Calcutta

14 Quale catena montuosa si estende attraverso la Norvegia e la Svezia?

a) Monti Alti

b) Alpi Scandinave

c) Pirenei

d) Montagne Scandinave

Risposta: b) Alpi Scandinave

15 Quale fiume è noto come il "Fiume Giallo" a causa del colore delle sue acque?

a) Rio delle Amazzoni

b) Nilo

c) Huang He

d) Mississippi

Risposta: c) Huang He

16 Qual è la città più popolosa del mondo?

a) Pechino

b) Mumbai

c) Tokyo

d) Lagos

Risposta: c) Tokyo

17 In quale continente si trova il deserto del Sahara?

a) Africa

b) Asia

c) Nord America

d) Australia

Risposta: a) Africa

18 Quale città è situata tra il Monte Royal e il fiume San Lorenzo?

a) Toronto

b) Montreal

c) Vancouver

d) Ottawa

Risposta: b) Montreal

19 Quale paese è attraversato dal fiume Mekong?

a) Cina

b) Thailandia

c) Vietnam

d) Giappone

Risposta: c) Vietnam

20 Quale stato degli Stati Uniti è noto come "Ultima Frontiera"?

a) Texas

b) Alaska

c) California

d) Hawaii

Risposta: b) Alaska

21 Quale mare separa la penisola italiana dalla Sicilia?

a) Mare Ionio

b) Mare Adriatico

c) Mare Tirreno

d) Mar Mediterraneo

Risposta: c) Mare Tirreno

22 Quale fiume scorre attraverso Parigi?

a) Reno

b) Senna

c) Danubio

d) Tago

Risposta: b) Senna

23 Quale catena montuosa è nota come "Scheletro dell'America"?

a) Monti Appalachi

b) Ande

c) Monti dei Carpazi

d) Monti Urali

Risposta: a) Monti Appalachi

24 Qual è il fiume più lungo dell'Africa?

a) Nilo

b) Congo

c) Zambesi

d) Niger

Risposta: a) Nilo

25 Quale paese europeo è noto per le sue numerose isole vulcaniche, chiamate "Azzorre"?

a) Spagna

b) Italia

c) Portogallo

d) Grecia

Risposta: c) Portogallo

26 Quale paese è situato nella catena montuosa degli Appalachi?

a) Stati Uniti

b) Canada

c) Messico

d) Brasile

Risposta: a) Stati Uniti

27 Quale città europea è attraversata dal fiume Tevere?

a) Parigi

b) Londra

c) Roma

d) Vienna

Risposta: c) Roma

28 Quale paese asiatico è famoso per i suoi "Angkor Wat", complessi di templi antichi?

a) Cambogia

b) Thailandia

c) Indonesia

d) Laos

Risposta: a) Cambogia

29 Quale paese europeo è noto per i suoi fiordi, in particolare quelli di Geiranger e Nærøy?

a) Norvegia

b) Svezia

c) Finlandia

d) Danimarca

Risposta: a) Norvegia

30 Quale città europea è attraversata dal fiume Sava?

a) Budapest

b) Belgrado

c) Zagabria

d) Bucarest

Risposta: b) Belgrado

31 Quale paese è famoso per il suo famoso fiordo, il "Milford Sound"?

a) Australia

b) Norvegia

c) Nuova Zelanda

d) Canada

Risposta: c) Nuova Zelanda

32 Qual è la capitale del Giappone?

a) Pechino

b) Tokyo

c) Seul

d) Bangkok

Risposta: b) Tokyo

33 Qual è il fiume più lungo del mondo?

a) Nilo

b) Amazzoni

c) Yangtze

d) Mississippi

Risposta: a) Nilo

34 Quale deserto si trova in Africa settentrionale?

a) Deserto di Atacama

b) Deserto del Sahara

c) Deserto di Gobi

d) Deserto di Kalahari

Risposta: b) Deserto del Sahara

35 In quale continente si trova la Groenlandia?

   a) Europa

   b) Asia

   c) Nord America

   d) Africa

   Risposta: c) Nord America

36 Qual è il paese più grande del mondo in termini di superficie?

   a) Stati Uniti

   b) Russia

   c) Cina

   d) Canada

   Risposta: b) Russia

37 Qual è la catena montuosa più alta del mondo?

a) Ande

b) Monti Appalachi

c) Himalaya

d) Alpi

Risposta: c) Himalaya

38 Qual è la capitale dell'Australia?

a) Sydney

b) Melbourne

c) Brisbane

d) Canberra

Risposta: d) Canberra

39 Quale oceano bagna le coste dell'India?

a) Oceano Atlantico

b) Oceano Indiano

c) Oceano Pacifico

d) Oceano Artico

Risposta: b) Oceano Indiano

40 In quale paese si trova la Torre Eiffel?

a) Italia

b) Germania

c) Francia

d) Spagna

Risposta: c) Francia

41 Quale lago è il più profondo del mondo?

a) Lago di Ginevra

b) Lago Titicaca

c) Lago Vittoria

d) Lago Baikal

Risposta: d) Lago Baikal

42 Qual è il più grande continente del mondo?

a) Europa

b) Asia

c) Africa

d) Nord America

Risposta corretta: b) Asia

43 Quale deserto è situato principalmente negli Stati Uniti sud-occidentali?

a) Sahara

b) Gobi

c) Atacama

d) Mojave

Risposta corretta: d) Mojave

44 Qual è il punto più alto della Terra?

a) Monte Kilimanjaro

b) Monte Everest

c) Monte McKinley

d) Monte Fuji

Risposta corretta: b) Monte Everest

45 Quale paese è conosciuto come "La Terra dell'Alba"?

a) Italia

b) Giappone

c) Norvegia

d) Australia

Risposta corretta: b) Giappone

46 Quale città europea è attraversata dal fiume Danubio?

a) Parigi

b) Vienna

c) Roma

d) Londra

Risposta corretta: b) Vienna

47 Quale nazione è conosciuta come il "Paese del Sol Levante"?

a) Cina

b) India

c) Giappone

d) Corea del Sud

Risposta corretta: c) Giappone

48 Quale catena montuosa si estende attraverso l'Europa, dall'Armenia alla Francia?

a) Monti Andes

b) Monti Urali

c) Alpi

d) Monti del Caucaso

Risposta corretta: d) Monti del Caucaso

49 Quale paese è noto come "Il Paese del Sorriso"?

a) Svezia

b) Thailandia

c) Australia

d) Canada

Risposta corretta: b) Thailandia

50 Qual è la capitale dell'Argentina?

a) Santiago

b) Montevideo

c) Lima

d) Buenos Aires

Risposta corretta: d) Buenos Aires

51 In quale oceano si trova l'Isola di Bali?

a) Oceano Indiano

b) Oceano Atlantico

c) Oceano Pacifico

d) Oceano Artico

Risposta corretta: a) Oceano Indiano

52 Quale fiume attraversa la città di New York?

a) Mississippi

b) Hudson

c) Potomac

d) Colorado

Risposta corretta: b) Hudson

53 Quale nazione è situata principalmente nella penisola arabica?

a) Iran

b) Iraq

c) Arabia Saudita

d) Egitto

Risposta corretta: c) Arabia Saudita

54 Quale catena montuosa separa l'Europa dall'Asia?

a) Alpi

b) Monti Urali

c) Monti Andes

d) Appalachi

Risposta corretta: b) Monti Urali

55 In quale paese si trova il deserto del Kalahari?

a) Sudafrica

b) Egitto

c) Brasile

d) Australia

Risposta corretta: a) Sudafrica

56 Quale oceano separa l'Africa dall'America meridionale?

a) Oceano Indiano

b) Oceano Atlantico

c) Oceano Pacifico

d) Oceano Artico

Risposta corretta: b) Oceano Atlantico

57 Qual è la capitale del Canada?

a) Toronto

b) Ottawa

c) Vancouver

d) Montreal

Risposta corretta: b) Ottawa

58 In quale stato degli Stati Uniti si trova il Grand Canyon?

a) Arizona

b) California

c) Nevada

d) Utah

Risposta corretta: a) Arizona

59 In quale continente si trova l'Australia?

a) Europa

b) Africa

c) Oceania

d) Asia

Risposta corretta: c) Oceania

60 Quale oceano si trova a est dell'Africa?

a) Oceano Atlantico

b) Oceano Pacifico

c) Oceano Indiano

d) Mar Mediterraneo

Risposta corretta: c) Oceano Indiano

61 Quale paese è noto come "la Terra dei Faraoni"?

a) Egitto

b) Grecia

c) Libano

d) Giordania

Risposta corretta: a) Egitto

62 Quale città è attraversata dal fiume Thames?

a) Parigi

b) Berlino

c) Londra

d) Roma

Risposta corretta: c) Londra

63 Quale oceano bagna le coste orientali degli Stati Uniti?

a) Oceano Atlantico

b) Oceano Pacifico

c) Oceano Indiano

d) Mar Mediterraneo

Risposta corretta: a) Oceano Atlantico

64 Quale paese è attraversato dal Circolo Polare Artico?

a) Svezia

b) Canada

c) Brasile

d) Sudafrica

Risposta corretta: a) Svezia

65 Quale è la capitale del Brasile?

a) Rio de Janeiro

b) São Paulo

c) Brasilia

d) Salvador

Risposta corretta: c) Brasilia

66 Qual è il fiume più lungo degli Stati Uniti?

a) Rio Grande

b) Mississippi

c) Colorado

d) Hudson

Risposta corretta: b) Mississippi

67 In quale continente si trova il deserto del Kalahari?

a) Europa

b) Asia

c) Africa

d) Australia

Risposta corretta: c) Africa

68 Qual è il paese più popoloso del mondo?

a) India

b) Cina

c) Stati Uniti

d) Indonesia

Risposta corretta: b) Cina

69 In quale stato degli Stati Uniti si trova il Parco Nazionale di Yosemite?

a) California

b) Colorado

c) Arizona

d) Nevada

Risposta corretta: a) California

70 Quale paese confina con l'India a nord?

a) Nepal

b) Thailandia

c) Bangladesh

d) Sri Lanka

Risposta corretta: a) Nepal

71 Qual è la capitale del Regno Unito?

a) Liverpool

b) Manchester

c) Londra

d) Birmingham

Risposta corretta: c) Londra

72 Quale città è attraversata dal fiume Potomac?

a) Chicago

b) Washington, D.C.

c) New York

d) Boston

Risposta corretta: b) Washington, D.C.

73 Quale paese confina con la Francia a sud?

a) Germania

b) Italia

c) Spagna

d) Olanda

Risposta corretta: b) Italia

74 Qual è il canale artificiale che collega il Mar Mediterraneo con il Mar Rosso?

a) Canale di Suez

b) Canale di Panama

c) Canale della Manica

d) Canale del Nord

Risposta corretta: a) Canale di Suez

75 Qual è la capitale della Svezia

a) Toronto

b) Stoccolma

c) Reykjavic

d) Bucarest

Risposta corretta: b) Stoccolma

76 Quale oceano bagna le coste orientali dell'Australia?

a) Oceano Atlantico

b) Oceano Indiano

c) Oceano Pacifico

d) Mar Mediterraneo

Risposta corretta: c) Oceano Pacifico

77 Quale città italiana è famosa per la sua inclinazione?

a) Roma

b) Firenze

c) Venezia

d) Pisa

Risposta corretta: d) Pisa

78 Qual è la capitale dell'Argentina?

a) Buenos Aires

b) Santiago

c) Bogotà

d) Lima

Risposta corretta: a) Buenos Aires

79 Quale nazione insulare è situata nel Golfo di Napoli?

a) Cipro

b) Sicilia

c) Corsica

d) Ischia

Risposta corretta: d) Ischia

80 Qual è il nome della grande catena montuosa situata nella parte occidentale del Nord America?

a) Montagne delle Ande

b) Montagne delle Alpi

c) Montagne delle Appalachi

d) Montagne delle Rocciose

Risposta corretta: d) Montagne delle Rocciose

81 Quale città australiana è nota per la sua famosa opera?

a) Melbourne

b) Sydney

c) Brisbane

d) Perth

Risposta corretta: b) Sydney

82 Qual è la capitale dell'India?

a) Nuova Delhi

b) Mumbai

c) Kolkata

d) Chennai

Risposta corretta: a) Nuova Delhi

83 Quale fiume è associato alla città di Vienna?

a) Danubio

b) Reno

c) Senna

d) Tevere

Risposta corretta: a) Danubio

84 In quale paese si trova il Kilimangiaro, la montagna più alta dell'Africa?

a) Sudafrica

b) Kenya

c) Tanzania

d) Uganda

Risposta corretta: c) Tanzania

85 Qual è la capitale della Spagna?

a) Madrid

b) Barcellona

c) Siviglia

d) Valencia

Risposta corretta: a) Madrid

86 Quale grande deserto si trova nel sud-ovest degli Stati Uniti e il nord del Messico?

a) Deserto del Gobi

b) Deserto del Sahara

c) Deserto del Kalahari

d) Deserto del Sonora

Risposta corretta: d) Deserto del Sonora

87 In quale continente si trova il Mar Morto?

a) Europa

b) Asia

c) Africa

d) Australia

Risposta corretta: b) Asia

88 Qual è la città più settentrionale del mondo?

a) Reykjavik

b) Tromsø

c) Anchorage

d) Murmansk

Risposta corretta: b) Tromsø

89 Quale lago è situato al confine tra Ruanda, Tanzania e Burundi?

a) Lago Titicaca

b) Lago Vittoria

c) Lago Malawi

d) Lago Tanganica

Risposta corretta: d) Lago Tanganica

90 Quale paese confina con la Russia a est?

a) Cina

b) Finlandia

c) Polonia

d) Ucraina

Risposta corretta: a) Cina

91 Qual è la città più grande del Medio Oriente?

a) Istanbul

b) Baghdad

c) Teheran

d) Il Cairo

Risposta corretta: a) Istanbul

92 In quale continente si trova il deserto del Atacama, uno dei deserti più aridi del mondo?

a) Europa

b) Asia

c) Africa

d) Sud America

Risposta corretta: d) Sud America

93 Quale è la capitale della Scozia?

a) Edimburgo

b) Roma

c) Strasburgo

d) Levane

Risposta corretta: a) Edimburgo

94 In che Nazione si trova il paese Levane?

a) Spagna

b) Portogallo

c) Italia

d) Paesi Bassi

Risposta corretta: c) Italia

95 Dove si trova il lago di Bolsena?

a) Italia

b) Russia Bianca

c) Turchia

d) Andorra

Risposta corretta: a) Italia

96 In che Nazione si trova L'ontario?

a) Canada

b) USA

c) Peru

d) Argentina

Risposta corretta: a) Canada

97 Che profondità massima raggiunge l'oceano atlantico?

a) 10.000m

b) 8.000m

c) 2.000m

d) 50.000m

Risposta corretta: b) 8.000

98 Che superficie copre il deserto del Sahara?

a) 100.000mq

b) 1.000.000mq

c) 500.000kmq

d) 9.000.000kmq

Risposta corretta: d) 9.000.000kmq

99 Che lingua si parla a San Marino?

a) Spagnolo

b) Italiano

c) Inglese

d) Arabo

Risposta corretta: b) Italiano

100 Quale è la città più bella al mondo?

a) Firenze

b) Parigi

c) Londra

d)………………………………

Risposta corretta:) _____

Printed by Amazon Italia Logistica S.r.l.
Torrazza Piemonte (TO), Italy

55820670R00029